JN439251

목타는 강

THIRSTY RIVER

〈영문대역 시집〉

목타는 강 THIRSTY RIVER

이상목 SANG-MOCK RHEE

Translated by Eechae Ra

계간문예

| 시인의 말 |

The Poet' s Remarks

첫 시집이 너무 늦었습니다.
늘 다시 시작하는 마음입니다.

2019년 초봄
이상목

I feel that I am giving my poetry to the world too late.
However, I always start anew.

Early Spring 2019
SANG-MOCK RHEE

이 상 목

이상목 시인은 강경근교 나바위성당 아래 금지마을에서 1943년에 태어났다. 강경중학교와 강경상고를 졸업하고, 연세대학교 MBA과정을 마치고, 세무사고시에 합격하였으며, 한국세무사회연수교육위원장과 초대지방의정연구회장 역임했다. 경기대학교에서 회계학을, 명지전문대에서 세법을 강의해왔다.

1991년 수필「한국수필」· 2007년 시「한국문인」 등단을 거쳐 한국문인 신인상(2007.10)과 경기수필문학 본상(2009. 12)을 수상했다. 저서로 《살아 있는 세금》(1990), 공저로 《꽃설기 뜸들다》, 《2014 한국대표 명시선집》 외 다수가 있다.

이상목 시인은 세명의 형과 삼촌이 한국전쟁에서 실종되거나 납치된 불행한 가족사를 가지고 있다. 그에 비해 그의 시는 간결하고 담담하다. 시어 하나하나마다 독자에게는 숨겨진 슬픔과 아픔이 긴 울림으로 다가온다. 아들들을 가슴에 묻고 바람 한 줄기에도 귀 기울이고, 꿈결에도 달려가는 어머니의 그리움에 대해서도 잘 그리고 있다. 김상일 평론가는 그의 시평에서 "문학은 욕망의 영토를 새로이 창조하는 노력인 것이다…. 이상목 시인은 빤한 기억이 아니라 유년기를 재영토화 하여 새로운 세계에 관심을 갖는다"고 말한다. 그런 관점에서 볼 때, 이 시인은 한국의 역사적 쾌거들을 시에 부각시키고자 하는 욕망의 영토를 창조하는 작업에도 열정을 보인다.

역자 **라이채**

SANG-MOCK RHEE

The poet, SANG-MOCK RHEE was born in Geumji Village under the Ganggyeong neighborhood Nabawi Cathedral in 1943. He graduated from Ganggyeong Middle School and Ganggeong Commercial High School. He got his MBA from Yonsei University and passed the Tax Accountant Exam. He served as the training head of the Korean Taxation Society and the first chairman of the Research Council for Local Affairs. He taught accounting at Kyonggi University and tax law at Myongji University.

He started his literary career as an essayist in the *Korean Essays* in 1991 and a poet in the *Korea Writers* in 2007. He won the Korean Writers Rookie Award in 2007 and the Gyeonggi Essay Literature Grand Award in 2009. He wrote *Living Taxes*, *The Flowery Rice Cake Carry Over Cooking*, and *2014 Anthology of Korean Poems*.

The poet has an unfortunate family history of three older

brothers and one uncle missing or abducted during the Korean War. However, each of his verses, composed of metaphorical expressions with a simple and quiet tone, comes to the reader with a long impression containing hidden sadness and pain. He also expresses well his mother's longing for her sons by listening to a wind or running out even in dreams, while burying her sons in her heart. In light of what Kim Sang-il said in his review, "Literature is an effort to create a new territory of desire... The poet RHEE tries to create a new world by recreating his childhood' memories. I want to add my comment that the poet is interested in recreating his own territory through the successful Korean history.

Translator, Eechae Ra

Contents

Part 1

맨발 소년
The Barefooted Boy

Thirsty River

Contents

Part 2

목타는 강
Thirsty River

Thirsty River

Contents

Part 3

바람 속의 아들
The Son in the Wind

Thirsty River

Contents

Part 4

붐비는 노량진
The Crowded Noryangjin Streets

Thirsty River

SANG

MOCK

RHEE

Part 1

맨발 소년

The Barefooted Boy

맨발 소년

버섯 따던 솔밭가
짚볼 차는 아이들
해지는 줄 뉘 알까

곰방대 할아버지
거니는 고샅길
귀에 익은 기침소리

북촌 서촌 샘 건너
새뜸 산직뜸이 옹기종기
훈김 돌던 큰 동네

황해도 피난민 · 서울 친척
함께 넘은 6 · 25고개

어디갔나
시래기죽 먹고 씩씩한 맨발 소년

The Barefooted Boy

On the woodside of the pine-trees
Where there were picking mushrooms,
The boys were playing with the straw-ball
Without knowing the end.

In the narrow alley
A grandpa gave a familiar cough,
Walking with a pipe in his mouth.

Steam rolled up from homes
Huddled together in the large village
In the North and West, across the stream,
On the hillside at sunrise.

This is the place where the refugees
From the North' s Hwanghae-do
And their relatives from Seoul
Contacted to cross during the Korean War.

Where have the barefooted boys gone,
Who grew strong with the clear broth
Made of dried greens?

삿갓다리

눈 오는 밤 누이와 발 동동
지친 아버지 기다리고
빗속 책보 메고 달리다
고무신 잃고 우는 마을 어귀

신구산 돛골안산 도장골 휘돌아
걸 뭍 섭밭재 옥답 누비며
속뼬 가르는
금강행 물길 위 삿갓다리

(잠실 지하도 지우산 파는 여인
목소리도 젖는구나)

저문 한강
올림픽대교 비치는 물결 위
발 동동
삿갓다리

The Cone-Shaped Bridge

It was at the verge of the village
Where me and my sister used to wait in the snowy night
For our father who was returning home
With his weary body,
And where my sister was crying out
Because of the one rubber shoe she had dropped in water
While running in the rain in her book wrapper.

It was over the Geumgang River
Where water flew through the depths of it
After whirling Singusan Mt., Dotgolansan Mt.
And Dojanggol valley, and crisscrossing rich fields
Like Geotmut and Seopbatjae.

(A Woman's voice is getting wet,
Where she is selling the paper umbrellas
At Jamsil Underground Passage.)

Over the Flashing Han River
Under the Olympic Bridge
The Cone-Shaped Bridge glimmers,
Where my sister was stamping her feet in panic.

바위박이

마을 동편 고갯마루
장군 공기돌이라는 바위 사이
소작료 상환금으로 남긴 거친 땅,

뜨거운 콩밭 열무 거둬
육남매 학비 댄
어머니의 옥토

내 가슴에 있는
호밀 밭 하늘 종달새
출렁이는 금빛 조 이삭

가신 어머니
처음처럼 맨살로 서라하는
칼바람 속
바위박이

The Rocky Field

At the eastern ridge of my home village
Under the General's Ball Rock
Was our rough land that was earned with farm rent.

It was a fertile field for my mother
To make her 6 children' s tuition,
By harvesting green radishes
Through bean stalks in the hot sun.

Still in my heart
The larks are singing
Over that Rye field,
Where ears of gold millet are rolling.

As if my passed mother is saying,
"Stand on your bare foot like in the beginning"
In the biting wind
In that rocky field.

별이 된 풍경

노을 붉게 타는 금강벌 끝자락
고인돌 숲 모퉁이

어머니 수박농사
원두막 지킨 어린 오뉘

한 배미 건너
더위 겨운 철길에
참외 벌려 놓던
6 · 25 휴전 이듬해

풋고추 꽁보리밥 힘으로
마을 연극 쏘아올린 열네살 누이,

그 여름의 초록별

The Landscape That Became a Star

The corner of the Dolmen Forest at the edge of
The Geumgang Plains was lit by the sunset glow.

There was the melon yard cultivated by my mother.
Me and my sister would look out
From the hut on the yard.

The next year after the ceasefire agreement,
Across our field we spread out a mat
On the heated railroad
In the sun to sell the melons.

My 14 year old sister launched a play history
On the town stage with the strength
Earned from the boiled barley and green pepper.

This was the green star in that summer.

낭청이

누이 · 오빠 나란히
초등학교 · 중학교
이천 명이 삼백된 예순 살 낭청이[1] 학교

대문밖에 늘어선 속뻘 자운영 붉은 논둑
나루 건너 세도벌 땅콩밭,
미곡창고와 피난 온 서울고모 삯바느질집
빛바랜 사진으로 남고

선창가 여인과 북적이던 장터의 참조기떼
굴뚝 공장 신도시로 떠나
어두워만 가는 동네

백마강 푸른 물이
서해 갯벌물과 하나 되는곳
누이 불 비추고 오빠 갈게[2] 잡던
낭청이 강

---

1) 3대 시장의 하나였던 논산시 강경읍과 익산시 망성면이 겹치는 금강하류 땅
2) 갈대밭이 있는 강가에 사는 게

Nangcheongi

Sixty-year-old Nangcheongi[3] School
With 2,000 elementary and middle students
That has dwindled to 300
Where a brother and sister went side by side.

Outside the gate
The red ridges were covered with milk weeds
Between the Sokbbeol muddy fields,
Across the dock
Are the Sedobeol peanut field,
Rice storage, and the sewing house
Of my evacuee aunt from Seoul
Are all that is left in a faded photograph.

Where have the women at the waterfront
And a school of yellow croakers
Spread out on the crowded marketplace
Disappeared with factories that once belched smoke
But left to a new town leaving only darkness behind?

Nangcheongi River is where the blue water
Of the Baekma River
And the muddy water of the West Sea meet together,
And where the brother caught crabs[4]
Under the flash shone by the sister.

---

3) It was one of the three largest markets, located on the lower reaches of the Geumgang River, which was at the intersection between Ganggyeong-eup, Nonsan City and Mangseong-myeon, Iksan City.

4) The crabs were living in the reed field by the riverside.

무넘이 마을

물 모아 무넘이 마을
따뜻했네

잉어 팔딱이던
초여름 연못가엔
모찜이[5]와 순철의 사랑,

물 불은
도랑에는
어린 오뉘 건네준 거위집 아씨

무넘이 마을 물버려
이름으로 남아있네

손가락 호호 불며
둑방 띠 태우며 학교 가던
아이들 소리 멎고,

성황당 넘어 도살장
끌려가던 황소와 함께 울던
아저씨 가고 없네

---

5) 모 찔 때 낳은 여자 아이

Muneomi Village

Being rich in water,
That' s where a lot of the warmth was!

Mozzimi[6] and Suncheol were in love
By the early summer pond
Where the carp were flopping.

The lady of the goose farm
Helped the young me and my sister
Cross the swollen stream.

The sounds of children have gone off,
Who would burn the grass over the bank
And warm their hands by the fire
On the way to school.

And the buddy has gone
Who cried when his ox was sold to a slaughterhouse
Over the shrine to the village deity.

---

6) The name given to a girl who was born in the season of removing the young rice plants from the seedbed.

기억 속의 방죽 말

과수원 고개 너머
저수지 둑방 지나 옛 고시촌

오늘은 큰 길 내어
시골버스 내닫는다

아들 손자 서울 보낸
나들이 할머니
잠든 뒷산 어디갔나?

낚시꾼의 기다림과
물총새 날쌘 몸짓
꿈에서나 보이는데

복사 꽃길에서 만난 연인
저수지 속에 진 이야기는
상기 남아 있구나

The Dike In My Memory

Beyond the orchard,
Passed the reservoir bank,
There was Gosichon town
Filled with many applicants for the state exam.

The place has changed into an avenue,
Where big buses run today.

Where has the back hill gone,
Where the grandma who enjoyed outings was buried,
After sending her son' s family to Seoul?

On the dike
The concentrated wading of the fishermen,
The nimble kingfisher's dash
Are just seen in my dreams.

Yet, my love story
That was made at the peach blossom road
And fell over the water of the reservoir
Is still alive in my heart.

나바위성당

어릴 적, 친구 따라가 본
나바위 성당이
높 푸르름으로 내 안에 있다

낭청이 돌아
용두곶 벼랑 아래 흐르는
뒷강물과 함께.

일제 앞에 당당했던
낮은 산기슭
조선 제일의 한옥 본당,

이차돈[7] 의 흰 피로 솟아난 절처럼
붙박이에 새내기 접목해 세운

첫 신부 되어 온
김대건[8] 어둠 속 첫발 디딘
강경강[9] 나루 나바위

---

7) 이차돈(506~527): 신라 최초 불교 순교자

8) 김대건: 1822 출생. 24세에 신부되어 25세에 순교. 나바위성당은 김대건 신부 상륙기념지에 1897 설립. 1906 한옥목조건물 완공(1917증축)

9) 강경강: 백마강에 논산천과 강경천이 합류되면서 바닷물과 만나던 금강하류

Nabawi Cathedral

It is still in my heart as high greenness,
To which I followed my friend
In my childhood.

Behind it,
Under the precipice of Youngdu Cape,
The river comes round Nangcheongi;

At the low hillside,
The traditional Korean-style main hall
Is the first in the Joseon Dynasty,
Standing against the Japanese imperialism.

It is like a temple bulging
With the white blood of Lee Cha-don[10)],
Built by grafting a new stick onto the existing fixture.

Nabawi, the ferry over Kanggyeong River[11)],
Where Kim Dae-gun[12)] took the first step toward darkness
As Korea' s first priest.

---

10) Lee Cha-don (506-527): Silla's first Buddhist martyr.

11) Kim Dae-gun: Born in 1822. Became Korea's first priest at the age of 24 and martyred at the age of 25. Nabawi Cathedral began to be built as a Korean traditional wooden building at the place where Father Kim Dae-gun first arrived in 1897. It was completed in 1906 and extended in 1917. The number of its believers reached 3,200 in 1929.

12) Ganggyeonggang River: The lower Geumgang River, where Nonsancheon and Kanggyungcheon joined with the Baekma River, and the waterway meets with the sea.

봄날

내 마음 봄을 부를 때
밤 새워 적은 글을 본다

봄은 꿈
봄은 아지랑이

봄은 머얼리 사라지고
나는 거기 서 있다

신호등 앞에 서면
아지랑이 속에
할아버지가
아지랑이 속에
아버지가
아지랑이 속에
누이가 있다

아이는 봄 따라 가고
나는 아직 꿈을 꾼다

A Spring Day

Calling spring to my heart,
I read the words I wrote all night.

Spring is a dream,
Spring is a haze.

Spring fades away soon,
I' m still standing here.

Stopping at the traffic light,
I see my grandfather,
My father,
And my sister
In a haze.

My child' s day went after spring,
And I still dream a dream.

엄마의 법문

썩을 몸 아껴서 무엇하냐

남 살 한 점에 내 살 열 점인 것을
어려울수록 콩 한 톨도 나누거라

버는 게 생금 밭이요
노는 입에 염불이다
오늘 일 낼로 미루지 말고,

동지 지난 해를 보라
노루꼬리 반큼씩 길어지는…

My Mother' s Lessons

What are you doing to save your body
That will rot away?

You will pay ten pieces of meat
For a single piece of other's.
You should divide even one bean
Even when times are rough;

To make money is to get the gold field.
Your idle mouth recites empty prayers.
Never put off today' s work till tomorrow.

Watch the sun after winter solstice
That gets longer as a roe deer' s tail day by day···

성묘

닭 한 마리 국물도 남은 보릿고개 밥상으로
당신이 키운 9남매

달빛 푸른 감자밭 매고서,
국방색 물감 처음 만든 큰아들은,
마을 앞 철교가 폭파되고
연합군이 인천에 상륙할 때,
북에 끌려간 서울학생
둘째 · 셋째 · 시동생도

행여 바람 속에 소식 없나
30년 기도가 가슴 속 돌이 되어도,
죽으면 썩을 몸 아껴서 무엇하랴
한 방울 눈물 아니 보인 당신

(백화점 들러 아이 옷 고르고
효도관광 하시도록
남은 육남매
생각은 했습니다 어머니!)

A Visit to My Mother' s Grave

You nurtured nine children
With a single pot of chicken soup
In the period of spring poverty.

Your oldest son, who was nice to help you
Weed the potato field by moonlight
And clever enough to invent khaki
As a student in Seoul,
Was taken to North Korea
When UN forces conducted the Incheon Landing Operation
And the railroad bridge was blown up.
Your second son, third son,
And brother-in-law were lost in units.

Though 30 years of your prayers
Became a stone in your heart,
Waiting for any news from them
Even carried in the wind,
You didn' t show a tear.

(Mother! your remaining 6 kids just thought
They would prepare a filial tour for you,
Choosing clothes for their own kids
At the department store.)

항아리

아우야 아느냐

한 길 눈 치워 꺼내는
통배추 김치 향을

조청 단지 깨뜨 아이
끌어안는 너른 손을

열두지게 모두
오늘 채우라는
부엌 물 독을

아느냐 아우야

허리띠 동여매 짜내는
항아리 저축을

초사흘 밤
치성 시루떡 익는 소리를

우러러 비는 모습
장 항아리에 비쳐옴을!

The Jars

Little Bro, you know what?

The scent of whole cabbage Gimchi
From the jar
When you opened its snow-covered lid;

The generous arm
That embraced you
Who broke the jar
Containing grain syrup;

The water jar in the kitchen
Capable of holding 12 buckets
That we should fill in a day.

Little Bro, you know what?

The saving jar
That we used to fill
With wearing our belts tighter;

The sound of rice cake steaming in the jar,
That was being cooked to offer a devout prayer
On the third night of January;

The soybean jar
Reflected the prayer' s joined hands!

SANG

MOCK

RHEE

목타는 강

Thirsty River

포구浦口

닫혀진 강 江[13)]
젓갈로 남은 추억

작아만 가는 옛 포구는
떠난 세월을 안고 산다

배로 에워싸인 큰 시장이
기차역 녹슨 사진 속에 낯설어

차마 뜨지 못한다

뉘 알랴
강물 흐르고 노랫소리 들릴 날

---

13) 금강 · 낙동강 · 영산강은 하구 둑으로, 한강 · 임진강 하구는 비무장지대로 막혀있음.

The Port

The memories of the blocked rivers[14)]
Are only kept in the salted seafood.

The old port growing smaller
Lives holding to the departed time.

A faded photograph on the wall of the train station
Gives a dim memory of the large market
That used to be surrounded by many ships.

Who knows, maybe there'll come a day
When they hear again the song sung by the flowing river.

---

14) The Geumgang, Nakdonggang and Yeongsangang rivers are blocked with banks and the Han and Imjingang rivers by the DMZ.

밴쿠버

먼 북쪽 항구
시詩와 같이 사는 곳

로키의 얼음 눈은 칼바람 꽁꽁 묶고
전나무 숲은 치솟는데

꽃이 아니 고울까
쪽빛 호수에
너른 강 푸르러

그대 적시리

따스한 바다 위로 쏟아지는
바위산 시린 물 밴쿠버

Vancouver

A far north port
Where their lives look like a poem.

The fir trees reach for the sky
By the Rocky' s snow ice tying the cutting wind tight.

What beautiful flowers
Are by the blue lake
And the wide river!

You will be wet through there!

The Rocky's ice water rushes down
To make Vancouver fresh!

풀밟기

풀 뽑고 풀 밟는 건
땀에 흠뻑 젖을 때까지,
할아버지 따라 나선 옛 성묘길

풀 뽑고 풀 밟는 건
겨드랑이 멍들 때까지
아득한 어머니의 휘인 허리

풀 뽑고 풀 밟는 건
풀물 들어도
우리아이 아장아장 세상 읽기

Stepping on the Grass

Pulling weeds in the ancestors' graveyard
And stepping on them,
Until I was all in a sweat,
Was following what my grandfather did.

Pulling weeds in the farmland
And stepping on them,
Until my arms hurt,
Was following what my mother did
When she worked her tail off.

Pulling weeds in the garden
And stepping on them,
Until my clothes were dyed green,
Was to help my toddler see the world.

눈이 내립니다

고향이 그리워 눈이 내립니다
온 세상이 새하얗습니다

어릴 적 그리워 눈이 내립니다
눈사람 만든 선희는 어디 있을까

사람이 그립다고
눈이 내립니다

It' s Snowing

The snow falling outside arouses a longing for my old home.
The whole world looks white.

The snow falling outside arouses a longing for my childhood.
Where is Seonhee, with whom I would build a snowman?

Snow falling
Brings people I miss to mind.

나의 도시

그 많던 배 다 어디갔나
강 포구엔
생선 박물관이 외로운데

다다미 걷고
중국집 터엉 비운 장터에
겨울이 깊어
함박눈 내려 쌓인다

눈 부릅 뜨자
작은 도시여

잔설 이고 쑥 돋듯
봄기운이
뱃길 새로 열리라

My Town

Where have gone the many ships
In the harbor
That only has the empty fish museum?

At the empty market,
The Japanese floor disappeared,
Leaving a Chinese restaurant standing by itself,
The winter is deeper
And snow piles up.

You, small town,
Keep both eyes wide open!

The energy of spring may open
The water way
Like it pushes out the mugwort buds
Through the snow cover.

딸의 둘째

지구가 해를 돌며 달은 지구를 돌 듯
어머니가 되는 딸
그토록 많은 사람들이
저저끔 집 짓고 살지만
어디 예 만한 곳 있으랴
한 애도 그리 힘겹거늘,
둘째를 품었다 함이
멍에처럼 저미어 오는 밤
이토록 빌며 기다린다
아이와 함께 할
꿈꾸는 세상을

〈2014. 1. 1〉

The Second Child of My Daughter

As the Earth moves around the sun
And the moon moves around the Earth,
My daughter is expecting to be another child' s mother.
People each live in their own house
That is incomparable to any other good place.
However, how can she be tough enough
To raise one child!
Hearing of her being about to give birth again,
I feel under a yoke in the evening
With a hope this world will be a better place
For them to live.

* Written on Jan. 1, 2014

목타는 강

금강산 눈 녹아
두무머리 한강이더니

인천공항 바다 위
구름 타고 하늘 난다

「그곳에 넉넉한 비로 내리리」

빠르면 한 시간
늦어도 하룻밤

목 타는 두만강아

Thirsty River

Mt. Keumgang's snow melts
And the water reaches down to Dumumeori,
The meeting point of the North and South Han Rivers.

Then, the water ascends to the sky
Over the sea of Incheon Airport,
Riding on the clouds.

"May you fly to the place and rain comes down in drops."

In an hour at the earliest,
By a night at the latest.

For the thirsty Duman River!

천지天池

'높은 물이 저리 넓고 푸르름은
뿌리 깊은 물길 때문일까?'

지금은 타국 땅
끝 모를 숲을 지나고 또 지나
비로소 그 하늘 물에 다다르나

물이 왜 거기 있으며,
무엇을 꿈꾸는지
알지 못 한 채

쫓기듯, 사진 한 장 품고 내려올 뿐

〈2015. 1. 22〉

Lake Cheonji on Mt. Baekdu

'How does the water get so wide and azure at that height?
Is it because of the deep-rooted waterway?'

Going through the endless forest,
I finally reach the place called the heaven lake,
Which now belongs to another country.

Why has the lake been there?
What is it dreaming about?
Without knowing any idea...

As if being chased,
I just came down with a picture taken of it.

* Written on Jan. 22, 2015

평양성 스파이

가까스로
애인과 함께 러시아를 탈출하는
007 보다

임금과 바둑 두며 영빈관에 머물다
오백년 한강백제시대를 끝장내는
고구려 승려가 으뜸 아니냐는,

날마다 새로운 삼국[15] -스파이 열전.

〈2014. 6. 25〉

---

15) 평양에 천도한 고구려, 475년 백제수도 한성 함락.
(이후 웅진 · 사비 등, 200년 금강백제시대로)

The Spy From Pyeong Castle

People are excited about 007
Who escapes from Russia with his beautiful lover
By a hair's breadth.

I wonder if the monk of Koguryeo is a cut above 007,
Who stayed at the guesthouse,
Playing paduk with the king
Before ending the 500 year Baekje Era
Around the Han River.

Three kingdoms' [16] close spy game is going on
New from day to day.

* Written on June 25, 2014

16) Goguryeo, which transferred their capital to Pyongyang, took the Baekje's capital, Hanseong, in 475. Hereafter, Baekje was changed to around the Gumgang River naming it Ungjin, and after that Sabi for 200 years.

기마인물상

그것을
역사 속에서 꺼내
왕궁역 승강장에
붙박이로 새겨 놓고
삼십 년이라

볼기에 푸른 반점이 뚜렷한
열 아홉 달 재롱둥이는
엄마의 "싸이"라는 말에
기마자세로 몸을 흔든다

칭기즈칸이
신라 천마총에서
튀어 나올 것 같다

강남 지하역
"말 춤 추는 그림"에서도

〈2013. 7. 17〉

Statue of a Warrior on Horseback

They got the statue
From history
And set it on the Palace Station
For 30 years.

A 19-month-old cute baby,
With blue Mongolia spots on his buttocks
Shakes himself as though riding a horse
As his mother' s saying, "That' s PSY!"

Upon that
It looks like Jenghis Khan has popped out
From Cheonmachong.[17)]

And from "the wall painting of doing the horse dance"
In Gangnam Subway Station.

* Written on July 17, 2013

---

17) An ancient tomb of a king of the Silla Dynasty with Pegasus mural.

돌잡이

아이는 돌상에서
약탕기 골라잡고,
숨 죽이던 좌중은 박수와 환호성

가까스로 홀로서는
저 색동옷 꼬마신사,
내일은 한의사

생각해 보라

우리가 저와 같이
축복과 희망이었음을

〈2012. 12. 21〉

The First Birthday Table

The one-year-old baby picksout
The medicine boiling pot on the celebration table.
The audience, who was dying from lack of breath,
Applauded and cheered.

That little gentleman,
In the rainbow-stripped garment,
Even now struggling to his feet,
Can be an oriental doctor tomorrow.

Try to thinkof it!

Once we were like him:
The hope and blessing of the family!

* Written on Dec. 12, 2012

물

설악에 실개천 열어
강물 이루고
마침내 태평양에 다다른 너는

참나무 숲에
고개 숙인 벼 이삭에
머구리 겨울 잠 안에 있다

젖먹이가 소년으로,
청년이 노인되어도
한결같이 거기 있다

불을 끄고 칼을 삭히며
낮은 곳에 스미고는
다시 구름이다

The Water

You open a rill in Seorak Mountain,
That makes a river,
And finally reaches the Pacific Ocean.

You are in the oak grove,
At the bending ears of rice,
And in frogs hibernating.

Until a baby becomes a boy,
And a young man gets old,
You are there as ever.

You put out fires, temper the knife,
Permeate into the lower places,
And finally ascend to return and be a cloud.

SANG

MOCK

RHEE

바람 속의 아들

The Son in the Wind

봄이 오는 소리

동지팥죽을 이웃과 나누며
눈 속에 돋아나는 은행잎 봉오리에서
고드름 익어가는 한겨울 양지쪽에
그리고
까치 새 집 짓는 설날 아침
얼어붙은 임진강 나루터에서,
당신은 들으리
봄이 오는 소리

〈2013. 1. 13〉

The Sound of Spring Coming

Hark to the boiling of Dongji red bean porridge
Which you share with your neighbors
On the winter solstice,
The shooting of ginkgo buds in the snow,
The growing of icicles on the sunny side in the midwinter,
The building of the magpies' new house
On the Lunar New Year's morning,
And the frozen hard Imjingang Ferry!
They are the sounds of spring coming!

* Written on Jan. 13, 2013

북녘

남북을 가르는
휴전선 철책 앞에서
목이 메더니

형들 전사통지 받고 고된 삶 마감한
아버지 비석 세울 때도
목이 멨는데

해방 육십년 만에 껴안는 금강산……
'세무稅務가 뭐냐' 는
키작은 북한 청년 물음에
또 목이 멘다

〈2007. 06. 03〉

The North

It was when I stood
Before the barbed wire fence of the cease fire line
Between the North and the South
That I first had a lump in my throat.

When I erected a tombstone for my father,
Who died of shock after reading the letter
Telling of my older brothers' death on the battlefield,
I felt choked up one more time.

And when I first hugged Mt. Keumgang
After 60 years of liberation,
I got choked up again,
On the question from a short North young man,
"What is tax?"

* Written on June 3, 2007

이어도

"살아서 살지 못하고
죽어서야 거기 산다"는

제주 서남방 먼
바다 속
위태로운 토끼바위[18)]

고된 삶을 오래 견디는 곳에
솟아나는 노래와 이야기 있어

널리 이롭게 하는
착한 등불 밝히니

높고 거친
파도가
어찌 두려우랴

당신의 이어도,
슬픔이 녹아 빛나는……

---

18) 평균수심 50m, 면적 113,000평, 동해 바다 위 독도의 2배, 해양기지 면적은 400평, 총 높이는 수중암반으로부터 76m요, 수상36m. 방공식별구역안 · 마라도에서 149km.

Ieodo Island

This is called, "It's only when you die
That you live there."

Far south of Jeju Island,
At the depths of the sea,
There is a dangerous rabbit rock[19].

Where you have endured a hard life, at long last,
There are songs and stories coming up.

You light
A widely beneficial good light.

Then,
How are they afraid
Of high and rough waves?

You, Ieodo,
Your grief melted into light and shines.

---

19) It has the average depth of 50m. Its area is 113,000 pyeong, twice the size of Dokdo on the East Sea. The marine base area is 400 pyeong. The total height is 76m from the underwater rock class, and 36m from the water. 149km from the Air Defense Identification Zone, Marado.

아나폴리스

친구여

먼 동쪽
해 돋는 바닷 말
아나폴리스[20]를
아는가

옛 트로이Troy처럼 아담하고
향기 푸른데

생도들
걷는 소리 반듯하다

친구여 정녕 아는가

오래되어 더 싱싱한
그곳을

20) 아나폴리스는 미국 독립 당시 13개주의 하나인 메릴랜드의 주도.

Annapolis

My friend,

Do you know Annapolis[21],
A land of the rising sun
At the seashore, far east?

It's as cozy as old Troy,
Smelling blue.

The cadets walk
Upright, briskly.

Dear friend, do you really know there?

Where its antiqueness
Provides a fullness of freshness.

---

21) Annapolis was the capital of Maryland, one of the 13 states during the war for American independence.

세종시에 와서 세종시로 가다

그는 낮은 목소리로 더듬듯 말합니다
'그려 잠깐 갔다 다시 올거여'

말은 느리나 그의 행동은 단호합니다
그가 선생이 되자 그의 고향 한갓골은
선생님 동네가 되었습니다
그가 대처에 자리잡자
그 곳이 한갓골로 되었습니다

달포 전 대학병원 지하식당에서
자장면을 들면서 보였던 하얀 웃음이,
몇 해 전 보문산 시비공원에서
꼿꼿했던 모습이 눈에 선합니다

그는 갔습니다
그러나
'그려 다시 만날거여'
그의 다정한 목소리가 울려옵니다

〈2013. 4. 1〉

Came From Sejong City and Returned to the City

He stammered in a low voice,
"Yes, I' m gonna go and come back soon."

He was slow in speaking, but his actions were firm.
When he became a teacher,
His hometown, Sejong City, became the Teacher' s village.
When he settled down in a big city,
The place became Sejong City.

His genial smile cracked
While eating Jajangmyeon in the restaurant
After being in a university hospital, for about a month,
And his straight posture showed
In the Mt. Bomun Poetry Monument Park a few years ago,
Lingers before my eyes.

He has gone.
But
His friendly voice rings,
Saying, "Yes, we'll meet again."

* Written on Apr. 1, 2013

눈이 큰 아이

새 엄마가 친절해서
엄마 그리며 눈이 큰 아이

“닭처럼 밤에 웅가냐”
큰집 별 헤다 눈 또 커지고

열아홉 낙동강 전투 눈 큰 학도병
휴전 후 스물네 살 대학 졸업반

취업 후 큰 집 먼저 온
눈치 밥 속
눈이 큰 신사

〈2014. 12. 11〉

A Big-Eyed Child

His eyes became bigger with thinking
Of his warm-hearted stepmother.

While making poo-poo like a chicken at night,
His eyes became moon-eyed
With counting stars over his eldest uncle' s.

When he was drafted to the Battle of Nakdong River
As a 19 year old student soldier,
Which delayed his college life after the cease fire,
His eyes dilated with fear.

While eating his eldest-uncle' s salt,
He became a gentleman with big eyes,
When he got his first job in a big city.

* Written on Dec. 11, 2014

바람 속의 아들

꿈결 엄마 찾는 소리 있어
버선발로 달려가니
사립문 흔드는
바람이었다

6 · 25 석 달 후
퇴각 북군에 납치된
아들은 스물 두 살 서울 유학생

삼 년, 십 년을
그리고 40년을
까맣게 기다리는데…

소식없고
바람만 차다

〈2016. 12. 24〉

The Son in the Wind

To welcome the son calling his mother in a dream,
The mother runs in her stockinged feet,
Not knowing it' s the wind shaking the twig gate.

3 months after the Korean War ended,
The son, who was a 22-year-old student studying in Seoul,
Was abducted by the retreating North Army.

For 3 years, 10 years
And 40 years.
The mother was waiting for the son, but···

Only the wind is cold
With no news from the son.

* Written on Dec. 24, 2016

을지로입구역 8번 출구

고구려를 기억하라는
이 거리
일 번지,

강한 은행이 떠난 자리에
"롯데"의 크리스마스가 반짝이는데…

먼 나라 시인이 날아와
개선장군처럼
덕수궁 등지고 북태평양 바라보며
삶을 노래한다

어디 갔나
고구려 깃발은

〈2013. 11. 13 / 한 · 러 정상회담일〉

Exit 8 of Euljiro 1-ga Station

The number 1 street' s name was made
After the great Goguryeo' s general
With a hope he would ever be remembered.

At the place where a strong bank is left,
The Christmas lights are shining on the "Lotte" building···

A poet from a far country sings of life
Standing like a triumphant general,
Having Deoksu Palace at his back
And facing towards the North Pacific.

Where has gone
The Goguryeo flag?

* Written on Nov. 13, 2013, the day of the Korea-Russia summit

2010.2.10. 숭례문

개선문보다 부드럽고
자유의 여신상보다 푸르른 그대

임금 행차
백성 숨결 켜켜이 쌓이고
그 아래 전동열차 달릴 때까지
도성의 반듯한 남대문 육백 돌,
숱한 외침 · 6 · 25도 차마 범하였으랴

4 · 19 · '88 너머
사위가 온통 붉은 악마로 덮인 뒤
더 새롭던 터

지킴이 마저 취한
설 연휴 마지막 밤
달집 타듯 누렇게 불타올라
어둠 속에 사라진다

아아
그대 남은 재 기름되어
널리 사랑하는 사람 가슴속
아침해로 타는 소리

Sungnyemun Gate of Feb. 10, 2010

You were softer than the Arc de Triomphe,
Greener than the Statue of Liberty

On which people' s breath piled up,
Through which many kings came and went
And by which electric trains run,
Until people celebrated your 600th anniversary
As the southern gate of the capital city.
How dare even many chants, including the Korean War,
Destroy you?

Having the 4 · 19 Revolution of 1960,
And in the '88 Seoul Olympics
Covered with the Red Devils,
You turned into a newer place.

Then,
The last night of the Lunar New Year holidays,
When even your guards got drunk,
You were bent over like burning sheaves.

Ah, ah!
The wind brings the sound of the morning sun,
Burning with the oil made of the rest of your ashes,
In the hearts of those who love you.

장군의 어깨동무

을지문덕
살수대첩과
이순신
한산도해전 간
몸 바쳐 나라 구한 그
시간차 천년…

한 오백년 뒤, 서울 한복판

옛일을 기리자는
「을지로」와 「충무로역」 사이
충무공 생가터에서

'어깨동무 두 장군을 보겠다' 는
당신 손주

〈2016. 11. 1. 시의 날〉

Two Generals With Arms Around Each Other

They were a thousand years apart…
Between when Admiral Eulji Mundeok
Won the Great War at Sal River
And Chugmugong Yi Sun-shin devoted himself
To saving the country
At the Battle of Hansando.

And again about 500 years later,
In the heart of Seoul,

At the birthplace of Chungmugong
Between Euljiro and Chungmuro Stations,
Which were made to commemorate them,

One descendent of Yi stands,
Having a hope to see two Generals
With arms around each other.

* Written on Nov. 1, 2016, the Poetry Day

이팝나무

흰 옷 곱게 차려 입고
서러운 이 밥 너머
이팝나무 심으니

이제

푸른 오월이
온통
눈부신 함박눈이다

〈2015. 5. 11〉

White Fringe Tree

Dressed in fine white clothes
Beyond this sad rice,
They planted a fringe tree.

Now,

Green May is covered
With air full of dazzling petals
Like snowflakes or rice grains everywhere!

* Written on May 11, 2015

눈 오는 강남역

지구촌을 말 춤으로 다지는 겨울 한 복판,
'세상에 이리 좋은 지하철이 어딨다고'
'불평은 잘 할수록 더 커진대'
무인운전열차에 사뿐히 오르는
여인네 향기 눈부시고
그 해 동장군 속
네 번째 여성권력[22] 을 만든 나라,
세계무역대국의 자궁 서울엔
눈이 내리고

〈2013. 1. 1〉

---

22) 신라의 김씨 3여왕 (27대 선덕, 28대 진덕, 51대 진성) + 대한민국 18대 박 대통령.

The Snowy Gangnam Station

In the middle of the winter when the world was shaken
By a Korean pop singer' s horse dance,
The self-driving train was filled with the smell of women,
Who got on snugly, chattering,
"There' s no subway in the world as good as Korea' s,"
"The more the complaint, the bigger it gets···"

That year in Jack Frost,
The country created the fourth women' s power[23],
Seoul, the womb of the World Trade Organization,
Was covered with a blanket of snow.

* Written on Jan. 1, 2013

23) Silla's three queens(the 27th Seondeok, 28th Jindeok, and 51th Jinsung) and the 18th woman president of the Republic of Korea, Park Geun-hye.

역사 공부

아빠,
할아버지 8살에
6 · 25전쟁 났대
나처럼 초등1학년 때…

남과 북이
삼년 넘게 싸운
우리나라 젤 큰 전쟁이었대

그때 가방과 운동화 아닌
책보 메고
고무신 신고 걸어 십리,
바깥에 칠판 달고 배웠대

〈2019. 1. 11〉

The Study of Korean History

Dad,

Grandpa said,

The Korean War broke out,

When he was eight years old,

At my time in first grade···

He also said,

It was the biggest war in our country

In which the North and the South

Were fighting for more than three years.

Then, he said,

He walked to school for 4 km,

Not in his bag and sneakers,

But in a book wrapper and rubber shoes,

To learn outside just with a blackboard.

* Written on Jan. 11, 2019

월드컵 높이 들다
– 4343. 9. 26

그것은
웅녀의 전설[24)]
꿈과 땀으로 똘똘 뭉친 축구 소녀가,
쏟아지는 눈물을 환한 웃음으로 바꿀 줄 안 태극소녀가
하나 돼 누벼 올린
싱싱한 전설

---

24) 쑥 한 다발과 마늘 20개로 어둠 속 100일을 견뎌낸.

Korean Women's Soccer Team Holds the World Cup High

- Sep. 26, 4343 in the Dangun Era

It is another legend of Lady Bear[25].

They closed ranks with sweat and dreams,

And changed their bitter tears to bright smiles at last;

It is a fresh success story

Made up by getting together.

25) She became a human being and the mother of the Korean founder after enduring in the cave without coming out for 100 days only eating a handful of mugwort and 20 cloves of garlic.

SANG

MOCK

RHEE

Part 4

붐비는 노량진

The Crowded Noryangjin Streets

붐비는 노량진

전동차 몰려들어
젊음들 밀어 내니

문 밖에 밀린 학원
족집게라 초만원

취업은 별 따기지만
입학은 영광

〈2015. 8. 12〉

The Crowded Noryangjin Streets

The subway rushes up
And the young people rush out.

The street is an unbroken succession
Of private, pinpointed institutes.

Though it' s hard to get a job,
Admission into university is an honor.

* Written on Aug. 12, 2015

노량진 풍광

노들강 버들피리
어시장 바다소리

관악은 한달음이나
강 건너 남산 길

다리가 끊길지라도
치자꽃 피는 순이네

〈2015. 12. 22〉

The Scenery of Noryangjin

The sound of a willow pipe from Nordl Beach,
The sound of the sea in the fish market.

Gwanak Mountain is at a run,
Nam Mountain Road is across the river.

Even if the bridge over the river breaks,
Sunee blossoms like a Gardenia Jasmine

* Written on Dec. 22, 2015

노량진 읽기

강나루 건너오는
효도 임금 성묘 행차

쉼 없이 휘날리는
충신의 태극기

언덕에 올라서 보라
강물만 흐르는가

〈2015. 9. 16〉

Noryangjin Detail View

A filial king comes graciously across the river
To pay a visit to his ancestor's graves.

The Korean royalists' flag
Is flying nonstop.

Get up on the hill and look.
Is it only the river that still flows?

* Written on Dec. 16, 2015

한가위

모두 다 강강술래
저마다 선물보따리

어디로 가는 건가
반 넘는 시민의 물결

행여나 떠내려 갈까
고향도 박물관으로

〈2015. 9. 23〉

Hangawi, Korean Thanksgiving Holidays

They' re all playing Ganggangsulae[26),
Each with a big gift package.

Where are they going,
The wave of more than half the citizens?

What if they are swept away,
And their hometown turns to a museum?

* Written on Dec. 23, 2015

---

26) Traditional Korean circle dance play by women under the bright full moon.

꿈꾸는 밥상

전사한 형 대신
할아버지 겸상하고

남만큼
고생스레
'이름' 으로
상 차려

손주와 만들어 가는
밥상머리 행진곡

〈2015. 7. 15〉

The Dream Table

I sat at the same table with my grandfather
On behalf of my older brother
Who died in a battle of the Korean War.

The table was set
With the name of hardships
As much as others have suffered.

And at the dinner table
The grandfather and grandson
Have a full-blown conversation.

* Written on July 15, 2015

어린이집 가는 길

'까치가 왜 먹는 거야
아랫집 빨간 감을'

'착한 개미 밟지마'
'나쁜 건 무는 모기야'

손자와 할아버지의
파아란 가을 아침

〈2015. 7. 29〉

The Way to the Pre-school

"Why is the magpie eating
 The neighboring house' s red persimmon?"

"Don' t step on the good ant,
 The bad thing is a biting mosquito."

The grandfather and grandson' s
Talk on a fresh Autumn morning.

* Written on July. 29, 2015

칠월

더위엔 더위라며
꼬꼬집 만원사례

콩밭에 쏟아분 땀
돌아서면 또 풀인데

흙 속에 숨어 있어도
붉게 타는 고구마

〈2015. 7. 22〉

July

In the heat, to beat the heat well,
They run to the chicken restaurant.

Even with much sweat pouring into the bean field,
Much grass is seen as soon as you turn around.

Even though they hide in the earth,
There are red-burning sweet potatoes.

* Written on July 7, 2015

작품 해설

〈시인의 탄생〉 Comments on the Poetry

이상목의 마이너문학

- 기호는 생각을 강요한다

들뢰즈 《프루스트와 기호》에서

| 작품해설 |

〈시인의 탄생〉 Comments on the Poetry

이상목의 마이너문학

— 기호는 생각을 강요한다
들뢰즈 《프루스트와 기호》에서

김상일
(문학 평론가)

'여기 있다' 를 프랑스어 'eccéité(엑세이테)' 로 쓰는 경우가 있다. 이는 잘못이라고 한다. 엑세이테는 중세 철학자 둔스 스코투스가 처음으로 사용한 용어이다. 이 용어는 사물들의 개체화와 주체들의 개체화 사이에는 혼돈될 수 없는 양태가 있음을 시사한다. 이 점에서 보면, 매우 실속이 있는 잘못이라고 지적할 수 있다[24].

24) 들뢰즈 · 가타리 공저, 『밀르 플라토』, 프랑스 미뉘이출판사, 1980, 318쪽

이 시론에서도 '여기 있다'와 '개체화'를 문맥에 따라 같은 의미로 사용하는 경우가 있다. 먼저 이를 이해하여 주기를 바란다.

ecceité는 스콜라철학에서 사용되는 용어이며, 스콜라철학에서 말하는 개체화의 원리를 더듬는 의미를 가진다. 개체화는 사물의 본바탕이 개체마다 독특하다고 보면서 그 개체와 다른 사물을 구별하려는 원리를 가지고 있다. 그리고 독창적이고 개성적인 미적 세계를 구축하는 원리도 ecceité라는 용어 속에서 짙게 내포되어 있다. 이 시론의 시작에서 ecceité라는 용어를 가장 먼저 들먹인 이유가 여기에 있다.

맨발 소년

시집을 펴면 맨 먼저 〈맨발 소년〉이 보인다. 이 시를 맨 앞에 내세운 의도를 존중하여 이것부터 읽는 것이 합리적일 듯싶다. 그런데 시의 제목에 의심이 간다.

시어는 대개 일상어로 이루어진다. 그러나 시어는 매우 함축적 의미를 가진다. 이를 통하여 시는 독자의 상상력을 유도하고, 어떤 장면을 연상하게 만든다. 이처럼 시에서는 전달하려는 메시지를 짧게 압축한 언어로 표현된다. 이상목 시인은 정말 말을 아끼는 사람이다. 제목에서부터 조사(토씨)를 생략하고 있다.

조사는 원래 명사나 대명사, 부사나 어미 아래에 붙어서 그 말과 다른 말과의 관계를 나타낸다. 또한 그 말의 의미를 도와주는 역할을 한다. 애초에 〈맨발의 소년〉으로 갔으면 될 터였는데 시인은 여기서 조사 '의'를 생략하였다. 생략하였다기보다 시인은 평소의 신념대로 조사 '의'의 필요성을 못 느낀 것이다. 왜냐하면 '맨발'과 '소년'은 똑같은 무게와 의미로 존재하니까.

다시 말하면, 시인은 맨발과 소년을 일심동체로 보고 있다. 그래서 두 개의 언어 사이에는 그 어떤 방해도 받아서는 안 된다고 본 것이다. 맨발은 소년을 비유하고 있고, 또한 소년은 맨발에 비유되고 있다. 소년과 맨발의 이면에는 어떤 힘이 존재한다. 아니다. 맨발과 소년이란 개체마다 갖고 있는 힘이 있어서 존재한다.

그래서 시래기죽을 먹고도 씩씩하고 굳세게 살아남을 소년이 요즘 보이지 않는다고 걱정한다. 힘을 비축하고 위엄을 잃지 않는 소년, "그런 소년, 어디 없소?"라고 시인은 세상을 둘러보며 외친다. 맨발 같은 소년이 없어지면 이 세상도 무너진다고 시인은 외친다.

이것이 이상목 시인이 간직한 개체화된 신조이다. 시인은 그러한 소년을 찾으며, 네 거리에 서서 "나, 여기 있다."라고 외친다. 마침 그 모습을 꽃이 보고 있으니까….

힘이란 무엇일까? 모든 사물은 개체마다 자기의 존재를 지키려고 애를 쓴다. 내가 나를 지키지 않으면 다른 누구에 의해 내 존재는 위태로워진다. 그래서 우리는 자기 존재를 지키려고 누구나 온힘을 쏟는다. 이것이 곧 사물의 현상이고 본질이다. 따라서 나를 지키는 힘이 없다는 것은 현실적으로 내가 존재하지 않음을 의미한다.

자기 존재를 지키기 위하여 힘을 기르려는 노력은 무한정의 시간을 필요로 한다. 시래기죽을 먹고서도 황소같이 힘센 소년을 찾는 나, "여기 있다."고 하는 외로운 작중 인물의 이미지를 우리는 오래도록 기억할 수밖에 없다.

이상목 시집을 읽으며 떠올린 책이 있다. 《모나돌로지》라는 책이다. 이 책은 1700년대에 라이프니츠가 지었다. 《단자론》으로도 불린다. 이 책의 핵심 개념은 '모나드' 이다.

모나드는 부분이 아닌 단순한 실체를 일컫는다. 외부세계에 대한 지각능력을 가졌으며 상호 정신적으로 독립된 실체이다. 《모나돌로지》는 사이버 네트워크가 사회적 삶을 관통하는 21세기에 중요한 개념일 수 있다. 모나드는 넓이나 형체를 가지고 있지 않다. 무엇으로도 나눌 수 없는 궁극적인 실체이다. 모든 존재의 기초이다. 이러한 의미를 가진 《모나돌로지》

를 이상목 시집을 읽으며 새삼 음미하게 만든다.

카프카는 유년기 블록을 가지고 글쓰기를 하였다고 한다. 그 블록은 어린 시절의 기억이 아니다. 그의 소설을 읽은 독자는 기억할 것이다. 어린 시절 카프카는 아버지와의 관계가 결코 좋지 않았다. 널리 알려진 사실이지만 카프카와 아버지는, 이른바 오이디푸스 관계였다. 카프카는 이렇게 널리 알려진 상투적 관계를 작품에서 다루려 하지 않았다. 그는 유년기의 블록 중에서도 어른들이 쉽게 믿는 뻔한 기억이 아닌 블록을 재영토화하였다. 이미 널리 알려진 기억은 인간의 욕망을 차단한다. 무릇 문학은 욕망의 영토를 새로이 창조하는 것이다. 이 창조는 이성적인 로고스가 아니라 감성적인 파토스여야 한다.

삿갓다리

이번에는 시집의 뒤편에 실린 〈삿갓다리〉를 읽어 볼까 한다. 예외 없이 제목부터 문제를 제기하고 있다. 이번 제목은 더 난해하다. 명사 둘이 합성한 복합명사이다. 우리가 익히 알고 있는 명사이지만, 둘을 합성해 놓으니 식별 불가능한 개념이 되고 만다. 그것은 무엇인가.

---

25) 조온 엥디세르나블, 들뢰즈, 『철학이란 무엇인가』, 미뉘이, 1991, 25쪽

국어사전을 샅샅이 뒤져도 '삿갓다리'는 없다. 1991년에 출간된 질 들뢰즈와 펠릭스 가타리가 함께 지은《철학은 무엇인가》는 입문서라기보다 '철학자여, 창조하라'는 슬로건 아래 쓰여진 선언문에 가깝다. 이 책은 철학이란 개념을 창조하는 학문임을 중심 골자로 삼아 쓰여졌다. 들뢰즈는 공동 집필로 이루어진 이 작업 방식에 대해 다음과 같이 말하였다.

"우리는 함께 작업하지 않았습니다. 우리는 각자의 사이에서 작업했어요.……우리는 작업을 한 것이 아니라, 협상을 했습니다. 우리는 결코 같은 리듬을 타는 법이 없었습니다. 항상 어긋났어요."

비철학자 가타리와의 작업은 철학자 들뢰즈를 새로운 지평으로 이끌었다고 한다. '다중(the mlultiple)'을 사유하는 것에서 '다중이 되는(to doing)' 것으로.

들뢰즈와 가타리는 개념들에 대해 정의 내리고 창조력을 제한하는 규제로부터 탈주하며, 비상선(lines of flight)을 따라 사유하는 이들이었다. 이러한 사유를 통해 개념을 창조하는 철학을 구상하고 실천하였다. 이 책의 서문을 살짝 보고자 한다.

"어떤 개념들은 매우 독특한, 심지어는 상스럽거나 충

격적이기까지 한 단어들로 제시되어야 한다. 또 어떤 개념들은 매우 일상적인 언어로 이루어지되 결코 일상적이지 않은 조화를 이루는 방식이 제시되어야 한다. 이로써 철학 바깥의 사람들에게 거부당할 위험을 감수하기도 해야 한다. 어떤 개념들은 고어를 통해, 비정상적인 어원학적 활동을 통한 작업으로 창조된다."

여기에서 특히 강조한 것은 시인이라면 식별 불가능한 개념을 설정해야 한다는 대목이다.

우리 시인은 명사와 명사를 합성시켰고, 이로써 하나의 새로운 개념을 만들었다. 하지만 두 개의 언어 평면을 단순히 접속시킴으로써 그 결과는 더욱 불명확한 뭉치가 되고 말았다. 이 새롭고 난해한 개념은 접근하기조차 난감하다. '이 시집은 왜 내게 고통을 주느냐' 고 항변하는 독자도 나타날 것 같다. '삿갓다리' 란 그 어디에서도 근거를 찾을 수 없다. 이 작품 속에는 식별 불가능한 개념의 용어들이 여기저기서 불쑥불쑥 나타난다. 모두가 우리 기억에 없는 말이다. 그래서 평균치의 보통사람들은 불안해 하고, 공포를 느낄 것이다.

이 작품 다섯째 줄 이하에 그것들은 구름처럼 모여 블록을 이루고 있다. '신구산' , '돛골안산' , '도장골' , '겉물' , '섭밭재' , '속별' 등등.

그리고 이어지는 다음 작품들에서도 독같은 개념들이 드러나고 있다. 이들 전부를 여기에서 해독할 길은 없고, 제목만 들면, 〈바위박이〉, 〈낭청이〉, 〈별이 된 풍경〉 등등이 죽 늘어선다.

바위박이

이 작품 전체 4연 중 그 첫연 세 줄이다.

> 마을 동편 고갯마루
> 장군 공기돌이라는 바위 사이
> 소작료 상환금으로 남긴 거친 땅

보다시피 이 시인의 통사법은 한 마디로 신화적이고 우주적이다. 시의 출발점이 마을 동편이란다. 동쪽에서 우리는 무엇을 기억할 수 있을까.

〈창세기〉와 〈법화경〉, "태초에……' 로 시작하는 〈창세기〉는 세계의 원역사를 다루고 있다. 역사 이전의 상태, 즉 우주의 기원과 인간의 창조를 담으면서 에덴 동산, 카인과 아벨, 노아와 홍수, 바벨탑 같은 잘 알려진 이야기를 포함하고 있다.

〈법화경〉은 〈묘법연화경〉을 줄인 말이다. '진실한 가르침의 연꽃이라는 경' 을 의미한다. 〈법화경〉에서 석가모니는 아득한

옛날에 완전한 깨달음을 이룬 '구원불' 로 나타난다. 이 경은 기원 전후에 진보적이면서도 믿음이 두터운 대승 불교도들에 의해 성립되기 시작하였다.

그런데 예수는 소년기에 인도에서 불교도로 수행했다는 사실이 역사적으로 증명되었다. 그렇다면 두 고전 중 어느 것을 선택하여도 무방하다. 하지만 우리의 생활 관념상 거리(시간)를 좁히기 위해서는 전자를 선택하는 것이 마땅할 듯싶다.

그렇지만 〈법화경〉 서품에 따르면, 여래 하나님이 지면에 등장하자, 양 미간에서 한 줄기 빛이 방사되었다고 한다. 여래는 태양을 은유하고 있다. 유대족 하느님도 태양을 다르게 표현한 것이다.

빛은 동쪽의 1만8천의 부처님 땅을 비추었다. 수억의 구법자들은 그 빛을 바라보며 놀라고 신통하게 여겼다. 그리고 크게 기뻐하였다. 동산에는 나무가 있었고, 귀한 약초가 무성하였다. 물은 만물에게 생명과 활력을 넣고 있었다. 뱀도 있었는데, 사람을 해치지 않았다. 그밖에도 에덴과 유사한 점이 많았다. 다시 말하자면, 요즘의 빔 프로젝트처럼 부처님은 미간 백호상에서 빛을 비추어 영상으로써 다른 세계들의 모습을 그 자리에 모인 대중들에게 보여준 것이다. 그런데 특별히 주목할 것은 그 방향이 동쪽이라는 점이다.

시인이 작품에서 '마을 동편' 을 앞세운 의도를 이제는 이해

하였을 것이다. 또한 시인은 작품에서 뱀 대신에 장군을 등장시킨다. 거기에 장군 공기돌이라는 기상천외한 괴물도 등장시킨다. 모바일 생태계에 익숙한 요즘의 문화인들께서는 전후 문맥으로 보아 정녕 귀신쯤으로 기억할지도 모르겠다.

유년기 블록에 따르면, 공기돌놀이는 어린이들이 즐기던 놀이였다. 이 놀이를 모른다거나 안 해봤다면 한국사람이 아니다. 비슷한 크기의 작고 동글동글한 돌멩이 다섯 개로 하는 놀이다. 다섯 개의 작은 돌멩이가 사람들을 묘한 기운으로 몰입하게 하는 힘이 있다. 공기돌놀이는 순간 함께 있는 사람들의 정신을 흡입하며, 일심이 되게 한다. 말하자면 이 공기돌놀이는 수백 년 전부터 내려온 에스니시티를 방어하기 위한 관습이었다. 에스니시티는 보통 민족성으로 풀이한다. 공기돌놀이의 저의는 민족성을 일으키고, 또 그것을 방어하기 위한 소규모 전쟁놀이의 하나였다.

돌을 던지고, 받고, 또 그것을 꺾는 동작을 반복하니까 전쟁놀이가 아니고 무엇이랴. 왜 유년시절부터 전쟁놀이를 하느냐고 평화를 사랑하는 동포가 있다면 그는 적의 스파이가 틀림없다. 바다 건너에, 강 건너에 적이 호시탐탐 기회를 엿보고 있는데, 시인은 할 일이 그렇게도 없으냐고 시비할 문화인도 있을 법하다. 하지만 그 문화를 수호하기 위해서, 또 다른 스타워즈에 대비하기 위해서 시인은 전쟁놀이를 모티브로 삼은

것이다.

그렇다고 지금 시인이 안중근 장군이나 윤봉길 의사를 양산하자고 권장하는 것은 아니다. 전쟁을 선동하는 것도 아니다. 우리는 기원 이래 줄곧 움직이며 생존하여왔다. 움직인다는 것은 카오스를 생산하는 일이다. 그러나 카오스만 연속되면 숨이 막혀 더이상 살 수가 없다. 그래서 카오스를 평정해야 한다.

인류도, 동물도, 식물도, 그리고 이 우주 사이에 생명을 가진 모든 사물은 오늘에 이르기까지 움직이고 멈춰서며 살아왔다. 이 역학이나 운동을 폐지할 수 없다는 것은 가장 기본적인 개념이다. 따라서 시인은 우주의 기본기능 찾기를 새삼 강조하고 있을 따름이다. 공기돌놀이를 멈추면 조선왕조처럼 망한다.

시인은 다른 작품에서 '눈 오는 밤, 누이와 발 동동거리며'를 쓰고 있다. 하지만 이는 발을 동동 구르고 있는 소년들의 안타까운 감정을 대신 전하려고 움직인 것이다.

돌과 바위, 그리고 별

이상목 시집을 통독하면 누구나 발견할 것이다. 유독 돌과 바위 이야기가 많다. 그의 경력에는 야금술이나 금속학을 전공했다는 기록이 없다. 예삿일이 아닐 수 없다. 방금 해독한 시에서도 바위가 나왔다. 맨앞 〈맨발 소년〉에서도 바위와 돌을 은유하는 시어들이 있었다.

〈별이 된 풍경〉에도 그것들이 나온다. 〈고인돌 숲〉에도 마찬가지로 나온다. 미국에서 살던 사람이 한가윗날 고국을 찾아와 조상의 산소로 성묘를 갔다. 산소 주위에 설치된 상석, 석등, 석주, 문인석, 무인석, 석수들, 모두 일곱 종류의 돌 조각품이 장식되어 있다. 왕릉이 아닌 곳에서 보는 호화 묘소이다. 그보다 일곱이라는 숫자에 관심이 간다. 그것은 북두칠성을 상징한다.

다소 거창한 표현이지만 시인의 기억이나 사상, 관념은 우주적이다. 무한한 시간과 온갖 사물을 포괄하는 공간이 우주가 아닌가. 이런 점에서 시인은 불경적이고 성서적이다.

시인의 유년기 블록 속에는 앞으로 다가올 스타 워즈에 대비하려는 움직임이 보인다. 구석기시대부터 대비해 온 조상들의 공상을 시인은 자신의 무의식 속에 묻어 두고, 그것을 움직이는 힘으로 살아왔다.

노을 붉게 타는 금강벌 끝자락
고인돌 숲 모퉁이
풋고추 꽁보리밥 힘으로
마을 연극 쏘아올린 열네 살 누이

'마을 연극' 이란 무엇이냐. 모르면 시인을 보라. "나 여기 있다.” 그래도 모르겠다면 굿이나 보고 떡이나 얻어먹자. 여럿이 모여 법석이는 그것이 바로 굿이다.

그런데 하나 일러둘 것은 광산에서 왜 이 말을 주로 쓸까. 광부가 입는 옷을 굿옷, 갱구 문을 굿문, 광부들이 쉬거나 연장 두는 창고를 굿막, 광산 터널이 무너지지 않도록 하는 일을 굿단속 등 일곱 가지의 말 앞에 ‘굿’이 붙는다. 이 역시 북두칠성과 관계가 있다. 우리 말은 태곳적부터 우주와 관계가 깊었던 게 틀림없다.

시인은 그런 관계를 캐내고 싶어한다. 굿의 사용법을 캔다는 것은 바로 파토스를 개발하는 일이다. 감성을 기르는 일이다. 아무튼 예부터 여럿이 모여 법석대는 일을 굿이라 했고, 요즘은 이를 연극이라 말한다.

전체적으로 보면 시인 이상목은 우리말을 이방인처럼 힌다. 그래서 이상목 시인은 마이너문학에 힘을 쏟고 있는 듯하다. 마치 이방인이 우리나라에서 시를 표현하는 것 같다. 우리말을 외국말 하듯 쓰고 있다. 〈별이 된 풍경〉은 마치 동화 제목쯤으로 연상할 수 있다. 그러나 정확하게 동시에 부정확하게 정신을 차리고 읽어보라.

이 시집 도처에 산재한 합성어들, 삿갓다리, 신구산, 돛골안산, 도장골 등등. 이 난해어들을 시인은 이방인이 한국말을 하듯 새로운 개념을 만들어 사용하고 있다. 그 뜻풀이는 아예 독자에게 넘겨버렸다.

이 시인은 이러면서 우리말의 사용을 통해서 언어는 이질적으로 변해갈 수 있다는 사실을 강조하고 있다. 그리고 생각하기를 강요하고 있다.

그 점에서 그의 시는 우리 문학사상 초유의 시도로 독자들 기억에 길이 남을 것이다. 정진을 바란다. 마이너문학의 본령은 아주 작은 공간에서도 낱낱이 사건들이 직접 연결될 수 있도록 만들어야 한다. 이 점을 절대로 잊어서는 안될 것이다. 꽃이 보고 있으니까.

역자의 말

이상목 시인은 부재한 형들을 대신해서 누이들과 함께 부모님의 가사를 도우면서 살아왔다. 전쟁의 잿더미를 딛고 일어서는 과정이지만 가족애, 이웃과 나누는 정, 그리고 살아 숨쉬는 개인 및 국가의 역사가 오롯이 그의 시들에 담겨 있다. 가난한 시절의 한국을 잘 모르는 전후세대 및 멀리 이국땅에서 살아가는 이민세대, 그리고 한국의 문학과 전통 및 역사를 알고자 하는 외국인들에게도 흥미를 자아내기에 충분하다. 그래서 많은 사람들이 볼 수 있는 언어로 번역하는 번역가의 즐거움과 보람이 배가 된다.

무한한 신뢰로써 행복한 번역작업을 할 수 있도록 맡겨주신 이상목 시인께 감사드리며, 원어민이 아닌 사람에게서 올 수 있는 번역의 부자유스런 부분들을 좀 더 영어답고 풍성한 어휘로 다듬어주는 나의 오랜 친구이며 감수자 자넬 리브에게도 고마움을 표하고 싶다.

Translator's Remarks

The subjects of RHEE's poems include family love and affection for his neighbors, living during Korean history even in the process of overcoming the ravages of war, and helping his parents with his sisters on behalf of their missing brothers. So, it is enough to interest the post-war generation who do not know Korea well during these poor years, the immigrant generation who live in foreign lands far away, as well as foreigners who want to know Korean literature, traditions and history. So the translator's enjoyment and reward is multiplied by the language that many people can see.

I would like to thank the poet SANG-MOCK RHEE who gave me the opportunity to happily translate with infinite trust, and also to thank my friend and proofreader, Janell Reeve, for refining the unnatural parts of the translation that can be done by non-native English speakers with more suitable English words.

역자 라이채

번역문학가

종합문예지 한국문인 편집주간 및 번역책임자 역임

덕성여대 영어영문과 졸업

미연방한의사

한국문인번역문학 대상 수상

《세상의 빛 어머니 사랑》(영역), 《하프 라이프》(국역) 외

다수의 영한 대역서와 《수필의 끈을 풀다》외 다수의 공동작품집이 있다.

Translator EECHAE RA

Served as the Managing Editor, Translator of *the Korea Writers*
Korea Writers Winner for Excellent Translation
The United States Diplomate of Oriental Medicine
Majored English Language and Literature
at Duksung Women' s Univ. of Korea
Translated *The Light of the World, Mother' s Love*
into English, *Half Life* into Korean, and many works.
Has many joint works, including *Untie a String of Essay*.

계간문예시인선 140

이상목 영시집 _ 목타는 강 Thirsty River

초판 발행 2019년 4월 5일
3 쇄 발행 2019년 6월 5일

지 은 이 이상목
회 장 서정환
발 행 인 정종명
편집주간 차윤옥

펴낸곳 도서출판 계간문예
편집부 03132 서울 종로구 삼일대로 30길 21 종로오피스텔 1209호
주소 03132 서울 종로구 삼일대로 32길 36 운현신화타워 305호
전화 02-3675-5633, 070-8806-4052
팩스 02-766-4052
이메일 munin5633@naver.com
등록 2005년 3월 9일 제300-2005-34호
ISBN 978- 89-6554-197-4 04810
ISBN 978-89-6554-118-9 (세트)

값 10,000원

이 도서의 국립중앙도서관 출판예정도서목록(CIP)은 서지정보유통지원시스템 홈페이지(http://seoji.nl.go.kr)와 국가자료공동목록시스템(http://www.nl.go.kr/kolisnet)에서 이용하실 수 있습니다. (CIP제어번호: CIP2019010919)